经典诵读伴我行

初学篇

韩品玉 侯桂运 总主编

齊鲁書社

本书编委会

前言

中共中央办公厅和国务院办公厅《关于实施中华优秀传统文化传承发展工程的意见》指出，要“实施中华经典诵读工程”。教育部、国家语委又印发《中华经典诵读工程实施方案》，着力推进这一“工程”。

教育部《完善中华优秀传统文化教育指导纲要》提出，要“分学段有序推进中华优秀传统文化教育”，小学低年级“诵读浅近的古诗”，小学高年级“诵读古代诗文经典篇目”，初中阶段“诵读古代诗词”。

自 2017 年起，九年义务教育体制中的全国所有中小学逐年更换教育部统编《语文》教材。其中两点变化明显：一是古诗文篇目总体数量增加一倍，达到约 300 篇；二是阅读量增加，甚至要整本书阅读。在谈到新教材的使用时，该教材总主编说：“要让学生多诵读。”

由此可见，“诵读”成了一个不可回避的关键词。诵读不仅是一种学习方式，一种人生态度，更是全民阅读国家策略的重要实施窗口。它具有核心价值引领、优秀传统传承、民族文化连接等重大影响力。

有了“诵读”，需要解决的问题还剩下两项：诵读什么？怎么样诵读？

该诵读什么呢？

对基础教育阶段的中小学生来讲，答案就是两个字：

经典。

在阅读领域，历经“大江东去，浪淘尽”的披沙拣金历程，那些被“淘”出来的“金子”，大约就是经典了。而没有经过这个淘洗的诗文，即使被选入教材，也断断难成经典。现在，非经典作品更是充斥于社会空间的各个角落，孩子们不经意间熟读成诵，造成了严重的不良影响。

为让孩子远离非经典，减少非经典带来的负面影响，除家长自身提高鉴别作品良莠的能力外，最根本的途径就是引导孩子走向经典。

齐鲁书社推出的这套《诵读经典伴我行》，就是适宜诵读的经典荟萃之作。

说本书是经典荟萃之作，基于两点。

一是所选作品都是在历史长河里大浪淘沙而来的优秀古典文学作品，历久弥香。团队核心成员为文献学、古典文学的教授、博士，他们从浩瀚的古籍中挖掘资源，根据版本学和目录学等专业要求爬梳剔抉，同时加以必要的创造性转化，使作品底本可靠。

二是对这些作品的打造，编写团队和出版社下足了功夫，想小读者之所想，显现出浓浓的为民情怀。全书三册，自成体系；定位明确，受众为不同层级的中小学生；定价低廉，着眼普及；以篇定类，“主题式”呈现（如爱国、乡愁、怀古等）；大字体，配插图，适宜小读者接受；设置“伴我诵读”“伴我解读”“伴我品读”等栏目，便于深化理解；篇目与统编版教材课文概不冲突，水平相当，可作为课外阅读的有益补充。

该怎么样诵读呢？

这个问题在本书的“诵读要领”中将有明确提示，这里就不赘述了。

经典相伴，不废诵读！

目　录

羁旅思乡

相思抒怀

古文名篇

诵读要领

怎样让“经典诵读”“伴我行”呢？简言之，有三点核心要领。

其一，要保持一份敬爱之心。这是指在对待经典作品的态度上。面对经典，要心生敬意，气定神闲。这是进行诵读的先决条件。那种小和尚念经——有口无心似的状态，是与此格格不入的。

其二，要捕捉作品的“情”和“意”，将其真实而饱满地表达出来。“情”和“意”即作品的感情和意旨，是欲表达的对象。找到并将其表达出来了，就是好的诵读。

其三，要探究诵读的技艺。这是为表情达意服务的。汉诗文是声音的艺术，必须要读出声来。叶嘉莹说：“声音是古诗文的灵魂。”基于古典诗词曲赋平仄声调的错落分布，诵读者要把握好长短、轻重和强弱，读出其韵律感和音乐美。经典不厌百回读，要多读，读熟，熟读成诵，如此必将受益终身。

最后强调一下伴读。从来没有一个时代像今天这样需要伴读。与其简单地给孩子发出一道道诵读口谕，不如切切实实地陪伴孩子来读，甚至一同沉潜其中。

幼学琼林

〔明〕程登吉　〔清〕邹圣脉

取善辅仁[1]，皆资朋友[2]；

往来交际，迭为主宾[3]。

尔我同心曰金兰，朋友相资曰丽泽。

东家曰东主，师傅曰西宾。

父所交游[4]，尊为父执；己所共事[5]，谓之同袍。

心志相孚为莫逆[6]，老幼相交曰忘年。

刎颈交，相如与廉颇[7]；

总角好，孙策与周瑜[8]。

胶漆相投[9]，陈重之与雷义[10]；

鸡黍之约，元伯之与巨卿[11]。

与善人交，如入芝兰之室[12]，久而不闻其香；

与恶人交，如入鲍鱼之肆[13]，久而不闻其臭。

肝胆相照，斯为腹心之友；

意气不孚[14]，谓之口头之交。

彼此不合，谓之参商[15]；

尔我相仇，如同冰炭。

伴我诵读

《幼学琼林》采用对偶的形式，因为局限于解释名物，只是力求句式的对仗，故不强求音韵的平仄相对。句式的对偶，既便于大家诵读，又利于记忆，因此诵读时，宜以联为单位诵读。

伴我解读

［1］取善辅仁：吸取朋友的长处，培养自己的仁德。［2］资：凭借。［3］迭（dié）：轮流，替换。主：主人。宾：客人。［4］交游：

往来的朋友。[5] 共事：在一起做事。[6]“心志”句：意为朋友之间心意相通，以诚相待，就会情投意合。孚，信服，信从。莫逆，莫有违逆，意思是彼此情投意合。[7]“刎颈”二句：战国时，赵国的上卿蔺相如和大将廉颇有矛盾，蔺相如为了国家利益处处退让，廉颇听说后非常惭愧，于是向相如负荆请罪，两人“卒相与欢，为刎颈之交”（《史记·廉颇蔺相如列传》）。刎颈交，犹言抹脖子的朋友，即生死之交。[8]“总角”二句：东汉末年，孙策和周瑜自幼在一起成长，关系密切。后来孙策在父亲孙权去世之后，领兵占据江东，周瑜来投，孙策待之甚厚，说“周公瑾（周瑜字公瑾）英俊异才，与孤有总角之好”（《三国志·吴书·周瑜传》裴松之注）。总角，古代儿童扎结头发如角形，指儿童时代。总角好，指儿童时代就建立了深厚的友情。[9] 胶漆：胶和漆，是两种最具黏性的东西。比喻情意投合，亲密无间。[10] 陈重之与雷义：陈重、雷义都是东汉豫章郡人，从小一起学习，后来一同为官，一同辞官。[11]“鸡黍”二句：张劭，字元伯；范式，字巨卿。他们都是东汉人，一起在洛阳太学学习，结下了深厚的友谊。二人各自回家的时候，约定两年后范式去张劭家做客。两年后，张劭如约准备好了酒宴，范式果然如期而至。鸡黍，招待客人的饭菜。[12] 芝兰之室：比喻良好的环境。芝、兰，两种香草。[13] 鲍（bào）鱼：此处指咸鱼。肆（sì）：店铺。[14] 意气：志趣。孚：相合。[15] 参（shēn）商：两星名。二星不同时出现在天空。比喻彼此对立，不和睦。

伴我品读

本篇节选自《幼学琼林·朋友宾主》。《幼学琼林》是中国古代影响很大的一部蒙书。按其内容分类编排，共四卷三十三类，天文地理、古今岁时、风俗礼仪、婚丧嫁娶、生老病死、花鸟虫草无不涉及。对今人来说，《幼学琼林》是一部小型的学习传统文化的工具书。

本文的内容皆与朋友有关，既有关于朋友交往的雅称，如“丽泽”“金兰”，也告诉我们朋友交往的原则：择友需要“与善人交”，更要“心志相孚”，交往中要“迭为主宾”，最终才能“取善辅仁”“肝胆相照”。古人的这些交友原则值得我们学习，尤其是青少年朋友，拥有一个“总角好”“胶漆相投”“莫逆”的朋友，是人生重要的财富。

声律启蒙

〔清〕车万育

一 东

云对雨，雪对风，晚照对晴空。来鸿对去燕[1]，宿鸟对鸣虫。三尺剑，六钧弓[2]，岭北对江东。人间清暑殿[3]，天上广寒宫[4]。两岸晓烟杨柳绿，一园春雨杏花红。两鬓风霜，途次早行之客[5]；一蓑烟雨，溪边晚钓之翁。

沿对革，异对同，白叟对黄童。江风对海雾，牧子对渔翁。颜巷陋[6]，阮途穷[7]，冀北对辽东。池中濯足水，门外打头风。梁帝讲经同泰寺[8]，汉皇置酒未央宫[9]。尘虑萦心，懒抚七弦绿绮[10]；霜华满鬓，羞看百炼青铜[11]。

贫对富，塞对通，野叟对溪童。鬓皤对眉绿[12]，齿皓对唇红[13]。天浩浩，日融融[14]，佩剑对弯弓。半溪流水绿，千树落花红。野渡燕穿杨柳雨，芳池鱼戏芰荷风[15]。女子眉纤，额下现一弯新月；男儿气壮，胸中吐万丈长虹。

伴我诵读

本章在叙述古代文化知识和描写景物的过程中，贯穿着励志深意和对世道人心的描摹，如“颜巷陋，阮途穷”“霜华满鬓，羞看百炼青铜”“男儿气壮，胸中吐万丈长虹”等。本章的章名是“一东”。“一”，指该韵在平水韵中的次序；“东”，指“东韵”，是平水韵中一个韵的名称。本章中，“东韵”共包含风、空、虫等15个韵母相同的字，要读出韵脚的声韵，使其和谐动听。文中对句平仄相对，如“贫对富”与“塞对通”，上下句相对；“贫对富”中，“贫”与“富”平仄相对，“贫”是平声，“富”是仄声。诵读时要读准音节，掌握语调高低的变化。

伴我解读

[1] 鸿：大雁。[2] 六钧弓：指强弓。钧是重量单位，一钧为三十斤，张满弓用力六钧。[3] 清暑殿：晋武帝建造的一座宫殿。[4] 广寒宫：月宫。[5] 途次：旅途。[6] 颜巷：本指颜回所居住的陋巷，后用以指简陋的居所。[7] 阮途穷：三国时魏国阮籍经常独自一人驾车远行，走到没有路的地方，就痛哭流涕地返回来。[8] 梁帝：南朝梁武帝萧衍。同泰寺：梁武帝讲经的寺庙。[9] 汉皇：西汉高祖刘邦。未央宫：汉宫殿名。[10] 绿绮：古琴名，西汉文学家司马相如的古琴，泛指琴。[11] 青铜：青铜镜，古人用的镜子。[12] 鬓皤（pó）：鬓发花白。眉绿：古代妇女用绿色描眉，此处指颜色乌黑发青的眉毛。[13] 齿皓（hào）：牙齿洁白。[14] 融融：暖和。[15] 芰（jì）荷：菱叶与荷叶。

伴我品读

《声律启蒙》是古代私塾先生教学童作对子的书，目的是让学童记住韵部，学会对仗，借以学习文化知识。它按照“平水韵”的三十个平声韵分章，共二卷，三十章，每章都押同一个韵，韵脚就是章名。《声律启蒙》每章一般三节，各节的结构都一样，都是由十组对句构成。这些对句由简入繁，从单字对、双字对、三字对、五字对、七字对到十一字对。这些句子的内容，多是古代文化知识或优美的景物描写。

十二侵

眉对目，口对心，锦瑟对瑶琴[1]。晓耕对寒钓，晚笛对秋砧[2]。松郁郁[3]，竹森森[4]，闵损对曾参[5]。秦王亲击缶[6]，虞帝自挥琴[7]。三献下和尝泣玉[8]，四知杨震固辞金[9]。寂寂秋朝，庭叶因霜摧嫩色[10]；沉沉春夜，砌花随月转清阴[11]。

前对后，古对今，野兽对山禽。犍牛对牝马[12]，水浅对山深。曾点瑟[13]，戴逵琴[14]，璞玉对浑金[15]。艳红花弄色[16]，浓绿柳敷阴[17]。不雨汤王方剪爪[18]，有风楚子正披襟[19]。书生惜壮岁韶华，寸阴尺璧[20]；游子爱良宵光景，一刻千金[21]。

丝对竹[22]，剑对琴，素志对丹心[23]。千愁对一醉，虎啸对龙吟[24]。子罕玉[25]，不疑金，往古对来今。天寒邹吹律[26]，岁旱傅为霖。渠说子规为帝魄，侬知孔雀是家禽[27]。屈子沉江，处处舟中争系粽；牛郎渡渚，家家台上竞穿针。

伴我诵读

本章既有对景物的描摹，又穿插了很多历史典故，出现了众多历史人物。这些人立身行事的价值取向对当今读书人仍有借鉴意义，如子罕、杨震的拒不受礼、为官清廉，戴逵的不慕权贵、富于气节，直不疑的为人宽厚等。在诵读时心中应充满景仰之情，用赞美的语气来表达。本章还有表达励志之意的语句，如“书生惜壮岁韶华，寸阴尺璧”，是告诫人们要珍惜光阴，诵读时应声音洪亮，咬字清晰，加重语气进行强调。本章为“侵韵”，共包含心、琴、砧等14个韵母相同的字，要将韵脚的声韵读得和谐动听。文中对句平仄相对，如“三献卞和尝泣玉，四知杨震固辞金”，上句中的二、四、六字“献”“和”“泣”，分别跟下句的二、四、六字“知”“震”“辞”，平仄相反；而上句的第四字“和”字跟二、六字“献”“泣”的平仄也不同，下句也是如此；这两句诗的尾字“玉”和“金”的平仄也是相反的。诵读时，要平长仄短，以表现出汉语的声律之美。

伴我解读

［1］锦瑟：漆有织锦纹的瑟。瑶琴：用玉装饰的琴。锦瑟、瑶琴是对瑟、琴的美称。［2］秋砧（zhēn）：秋天捣衣的声音。砧，捣衣石。［3］郁郁：生长茂盛的样子。［4］森森：形容繁密。［5］闵损对曾参：闵损，字子骞；曾参，字子舆。二人都是孔子的弟子，以孝行见称。［6］秦王亲击缶（fǒu）：据《史记·廉颇蔺相如列传》记载，秦国、赵国渑池之会，秦王让赵王鼓瑟，蔺相如转而逼迫秦王击缶。缶，大腹小口状的瓦器，被秦国用来作乐器。［7］虞帝自挥琴：相传虞舜曾亲自演奏五弦琴并歌“南风之薰兮，可以解吾民之愠兮”，来祈求风调雨顺。［8］“三献”句：春秋时楚人卞和将一块璞玉献给楚厉王，玉工认为是石头，卞和被砍去左脚；后来卞和献玉给楚武王，又被砍去右脚；楚文王时，卞和在荆山下抱玉痛哭，文王命人剖璞玉而得宝玉，此即“和氏

璧”。[9]“四知”句：据《后汉书·杨震传》记载，杨震为官清廉，有人为报恩在更深夜静时送他“金十斤”，并说没人知道这件事，杨震坚决不接受，说：“天知，神知，我知，子知。何谓无知！”固，坚决。辞，拒绝。[10]摧嫩色：指秋叶因霜打而枯萎变黄。[11]“沉沉”二句：在春天寂静的夜晚，台阶旁花朵的清阴随月亮的移动而移动。[12]犍牛：被阉割过的公牛。牝（pìn）马：母马。[13]曾点瑟：曾点，孔子的学生。《论语》里记载，当孔子询问曾点的志向时，他曾停止鼓瑟而作答，其回答大受孔子称赞。[14]戴逵琴：戴逵，晋时人，字安道，是当时的弹琴名家。据《晋书·隐逸传》记载，武陵王司马晞曾派使者召戴逵去演奏，戴逵怒而摔琴，表示不能屈尊为“王门伶人”。[15]璞玉：没有雕琢过的玉。浑金：没有精炼过的黄金。“璞玉浑金”比喻天然美质。[16]艳红花弄色：鲜艳的红是花呈现出来的颜色。弄，玩耍，把玩。[17]敷：铺开。[18]“不雨”句：商汤在位时曾数年无雨，太史占卜后提议杀一个人来求雨，商汤不肯，自愿做那被杀的人，剪下头发、指甲，身上缠着白茅向神祈祷，忏悔自己的过失，随后果然降雨。爪，指甲。[19]“有风”句：战国时楚国的宋玉曾作《风赋》，描述楚襄王在兰台宫迎风敞开衣襟，赞叹“快哉此风”。楚子，春秋时楚君始封为子爵，故称楚王为楚子。披襟，敞开衣襟。[20]寸阴尺璧：一寸的光阴比直径一尺的璧还要珍贵，即“一寸光阴一寸金”之意。《千字文》：“尺璧非宝，寸阴是竞。”寸阴，日影移动一寸的时间，形容时间很短。尺璧，直径为一寸的璧，非常贵重，只有身份高贵如诸侯者才有权使用。[21]一刻千金：

一刻钟的时间价值千金。苏轼《春夜》:“春宵一刻值千金，花有清香月有阴。”[22] 丝：指弦乐器，如琴、瑟等。竹：指管乐器，多为竹制，如笛、箫等。[23] 素志：一向就抱有的志向。丹心：红心，指忠诚之心。[24] 虎啸：虎的叫声，古代传说“虎啸”能引起“八面风生”。龙吟：龙鸣之声。[25]子罕玉：据《左传·襄公十五年》载，春秋时，子罕为宋国大夫，拒绝接受别人赠送给他的宝玉，说:“我以不贪为宝，你以玉为宝，如果我收下你的玉，我们就都丧失了自己的宝。”[26] 邹吹律：战国时齐人邹衍精通阴阳之术，燕国地寒，谷物不生，邹衍吹律而暖气至，草木生。律，律管,用于校正乐音标准的竹管。[27]“侬(nóng)知”句:据《世说新语·言语》记载，梁代神童杨德祖，九岁时家里来了一位名为孔君平的客人，孔君平指着杨家待客的杨梅对杨德祖开玩笑说:“这是你家的果子？”杨德祖马上回答：“我可没听说过孔雀是您养的家禽啊！”他的机智回答为当时人所称许。渠，他。侬，我。“侬”和“渠”都是江浙方言，“侬”有时也指“你”。

增广贤文（节选）

（一）

读书须用意[1]，一字值千金。
为学始知道[2]，不学亦徒然。
学者如禾如稻，不学如蒿如草[3]。
见者易，学者难。

（二）

莺花犹怕春光老，岂可教人枉度春[4]？
自恨枝无叶，莫怨太阳偏。
一年之计在于春，一日之计在于寅[5]。
一家之计在于和，一生之计在于勤。

枯木逢春犹再发，人无两度再少年[6]。
光阴似箭，日月如梭[7]。

（三）

责人之心责己，恕己之心恕人[8]。
士者国之宝[9]，儒为席上珍。
同君一席话，胜读十年书。
宁可正而不足，不可邪而有余。
善事可作，恶事莫为。
羊有跪乳之恩[10]，鸦有反哺之义[11]。
从俭入奢易，从奢入俭难。
但存方寸土，留与子孙耕。
良药苦口利于病，忠言逆耳利于行。

伴我诵读

本篇为蒙学警句，言浅意深。语言多用对句、类比的手法，大多两两相对，结构对称。诵读时宜语调平稳，节奏均匀。感情不需强烈起伏，表达出谆谆教诲之意即可。选取的三段，分别从向学、惜时、从善范畴对儿童启蒙劝诫，诵读时宜依义读出基调，依字读准音调。时或语带嘱托之殷殷，时或语含阳春之烟景；时如泉石激韵，音节铿锵；时如林籁结响，和声相谐。

伴我解读

［1］意：心思。［2］知道：此处“知”“道”为两个词，指通晓道理。［3］蒿（hāo）：蒿草。［4］枉：空，白白地。［5］寅（yín）：凌晨三点至五点的时段。［6］度：量词，次数。［7］梭：织布时牵引纬线的器具。［8］恕：宽恕，宽容。［9］士者：有学问道德的人。［10］跪乳：小羊羔跪着接受母羊哺乳，表示有感恩之心。［11］反哺：乌鸦长大后，衔食哺养其母，后用以比喻报答父母的养育之恩。

伴我品读

《增广贤文》是中国明清时期的儿童启蒙读物。原名《昔时贤文》，又称《古今贤文》，相传是明代中叶的一位儒生编纂的。本书讲述了为人处世、人生命运、读书修身等方面的知识，是历代人民生活经验的总结，蕴含着深刻的人生哲理。本篇即选自该书。原书良莠杂陈，本篇所选民谚或典故名言，俱为精华。小读者熟读成诵，可以爽其口耳，怡然其心。这些名言还可成为其人生路上一枚枚小小的指南针，助其辨识人生方向，少走弯路。

劝学励行

劝学[1]

〔唐〕孟郊

击石乃有火，不击元无烟[2]。
人学始知道[3]，不学非自然[4]。
万事须己运[5]，他得非我贤[6]。
青春须早为，岂能长少年[7]！

伴我诵读

全诗对比手法用得较多，如“击石”和“不击”、“学”和“不学”、“已运”和“他得”，这些词都要重读，以突出对比的效果。前二句通过比喻说明“学”的道理，要读出铺垫意味，语气要轻松；三、四句是全诗主旨句，要读得厚重肯定；后四句讲“学”的策略，以劝人亲为和“早为”为目的，要读出规劝的语气。

伴我解读

［1］劝学：勉励学习。［2］元：原本，本来。［3］知道：懂得道理。［4］非自然：意为不能自然懂得道理。［5］运：努力。［6］他得：他人得到。贤：有德行，多才能。［7］长：长久，永久。

伴我品读

这首诗劝告青少年要趁年少努力学习。诗人通过恰当的比喻和娓娓道来的议论，把“劝学”之意层层展开，比喻妥切，道理阐述得通俗易懂又有条理。

金缕衣

〔唐〕无名氏

劝君莫惜金缕衣[1]，
劝君惜取少年时。
花开堪折直须折[2]，
莫待无花空折枝。

伴我诵读

全诗四句，诗意两两相对。一、二句“莫惜”和“惜取”相对，三、四句的“花开”和“无花”相对，“直须折”和“空折枝”相对，反复告诫、反复咏叹的是相同的意思——珍惜青春韶华。但一、二句的对比，语气是舒缓的；三、四句的对比，语气则要热切一些。“劝君”二字要读出殷切之意，两个“莫”字重读，读“金缕衣”“少年时”“花”时要饱含赞美欣悦之情，“直”字要读得短促，含催促之意，“空折枝”要读出对青春已逝的怅惘悔恨之情，语气低沉，语速放缓。

伴我解读

［1］金缕衣：以金线制成的华丽衣裳。［2］直须：应当，不必犹豫。

伴我品读

这首诗劝勉人们爱惜时光。诗人认为，“少年时”比“金缕衣”这种美丽珍贵的物品更值得珍惜，在人生的花季要及时努力，不要等到春尽花残时节再空叹息。

今日歌

〔明〕文嘉

今日复今日，
今日何其少[1]！
今日又不为，
此事何时了？
人生百年几今日，
今日不为真可惜！
若言姑待明朝至[2]，
明朝又有明朝事。
为君聊赋《今日诗》[3]，
努力请从今日始！

伴我诵读

明朗坚定的语态和积极向上的心绪为本诗诵读的主要感情基调，同时要带有时间不可延误、失不再来的强烈劝诫意味。前四句为五言，“少”“了”押韵；后六句为七言，同时换韵。诗歌语言平实，朗朗上口，音韵自然。诗人语重心长，读时语气宜庄重，如师长垂示，耳提面命；声音宜洪亮，如佛陀撞钟，振聋发聩。其中的虚词不妨重读，以示强调，如“复”“何其”“又”“真”等。

伴我解读

［1］何其：多么。［2］姑：姑且。［3］聊赋：暂且写下（诗、词）。

伴我品读

这是一首警策诗，是作者著名的“三日歌”（《昨日歌》《今日歌》《明日歌》）之一。全诗平白如话，通俗流畅，言辞恳切地劝勉世人把握当下，从今日做起，莫要虚掷光阴。此诗虽作于明代，但在“拖延症”流行的今天，对唤起人们且行且珍惜、今日事今日毕的惜时意识，颇有现实意义。

乐学歌

〔明〕王艮

人心本自乐，自将私欲缚[1]。
私欲一萌时[2]，良知还自觉。
一觉便消除，人心依旧乐。
乐是乐此学，学是学此乐。
不乐不是学，不学不是乐。
乐便然后学，学便然后乐。
乐是学，学是乐。
呜呼！
天下之乐，何如此学？
天下之学，何如此乐？

伴我诵读

这首诗像童谣一样，说理直白，简单明快，童趣盎然。诵读时要把握诗歌轻松愉快的基调，用轻快的语气、顺畅的节奏，轻松自然地诵读，表达出如流水一样滔滔不绝的快乐心情。

伴我解读

[1] 私欲：个人的欲望。[2] 萌：萌生。

伴我品读

这首诗以劝学为主题，表达了学习和快乐本是一体的理念。该诗旗帜鲜明地倡导快乐学习，对当今埋头苦读的学生来说，这或许是应当追求的境界。

爱国明志

从军行

〔唐〕骆宾王

平生一顾重[1]，意气溢三军[2]。
野日分戈影[3]，天星合剑文[4]。
弓弦抱汉月[5]，马足践胡尘[6]。
不求生入塞，唯当死报君。

伴我诵读

这首诗的一、二句是对赏识之人知遇之恩的感念，诵读时应语气豪壮，重读“一”“溢”二字；“野日”二句描绘唐军出征时的威武之势，语气庄严；“弓弦”二句描写战斗时的场景，语调高扬；最后两句抒发诗人以死报国的决心，语气坚定，可重读“生”“死”二字。

伴我解读

[1] 一顾重（zhòng）：据《战国策·燕策二》记载，一马经伯乐一看而价增十倍。比喻受人赏识后，身价倍增。顾，回头看。[2] 溢：这里作超越讲。[3] 野日：原野上的太阳。[4] 剑文：宝剑上的图案。[5]“弓弦”句：弓弦拉满，弓与弦就呈圆形，像月亮。[6] 践胡尘：深入敌阵杀敌。

伴我品读

这首诗塑造了一位忠义报国的武士形象，表现了诗人立志战死沙场以报效国家的英雄气概。

感遇（其三十五）

〔唐〕陈子昂

本为贵公子[1]，平生实爱才。
感时思报国[2]，拔剑起蒿莱[3]。
西驰丁零塞[4]，北上单于台[5]。
登山见千里，怀古心悠哉[6]。
谁言未忘祸[7]？磨灭成尘埃。

伴我诵读

该诗基调慷慨苍凉，风格雄健。诵读时第一句语气舒缓，“感时思报国”转为高亢，表达了报国的雄心；“登山”一句又转向舒缓，发思古之幽情，最后两句应在低沉的语调中蕴愤懑之意。

伴我解读

［1］贵公子:陈子昂出身于豪富之家，故自称“贵公子”。［2］感时：感叹时局的变化。［3］蒿莱：野生的杂草，比喻自己未入仕途之时。［4］丁零塞：唐朝设置有丁零州，在今新疆吐鲁番一带。塞,边关。［5］单于台:故址在今呼和浩特的西面。［6］悠哉:忧思的样子。［7］祸：北方游牧民族的侵扰。

伴我品读

《感遇》诗共三十八首，这是第三十五首。

这首诗是忧时之作。诗人通过叙述自己的生平和志向，抒发了登山怀古的感慨，表现出一心报国的情怀。

从军行（其四）

〔唐〕王昌龄

青海长云暗雪山[1]，
孤城遥望玉门关[2]。
黄沙百战穿金甲[3]，
不破楼兰终不还[4]。

伴我诵读

全诗意境宏大，情感浓烈，气势雄壮，应以高昂的语调诵读。前两句叙述西北边陲的景象，宜在苍凉的语气中读出蕴含其中的开阔气象，突出环境的艰苦；后两句直接抒发戍边战士不打败敌人誓不还家的坚定信念，当读得铿锵有力，表现出战士慷慨豪迈的气度。

伴我解读

[1] 青海：青海湖。长云：漫天皆云。暗雪山：使雪山暗（不明亮）。[2] 孤城：戍边将士驻守之地。玉门关：在今甘肃敦煌西北，古代通往西域的一个重要关口，与今玉门关不是一个地方。[3] 穿：磨破。[4] 楼兰：古楼兰国，在今新疆罗布泊附近，这里泛指吐蕃的军队。

伴我品读

这是一首著名的边塞诗。描写了险恶的战争环境，抒发了战士们杀敌报国的决心，诗中满溢着诗人对戍边战士的赞扬，同时也表现出诗人的爱国情怀。

出塞[1]

〔唐〕王昌龄

秦时明月汉时关[2]，
万里长征人未还。
但使龙城飞将在[3]，
不教胡马度阴山。

伴我诵读

明月和边关，是边塞最常见的景象，“秦”字和“汉”字的界定，营造了雄浑宏大的境界，诵读时应读出意象之大和情感之悲壮，声音要高亢，音节拖长。“人未还”要放慢语速，表达出诗人对牺牲将士的哀悼，“但使”“不教”两句，情感表达得非常充分，诵读时应响亮坚决，读出诗人心底的愿望。

伴我解读

[1] 出塞：乐府“横吹曲”曲名。塞，关塞或军事重地。唐代诗人写我国边塞人民的生活与战争时，常用“出塞”“入塞”“塞上”“塞下”“塞上行”“塞下行”等为题。[2]“秦时”句：秦汉时的明月、秦汉时的关隘，是说古今景色没有什么不同。[3] 龙城飞将：指李广，汉代名将，以防边杀敌著称，号称“飞将军”。

伴我品读

这首诗曾被视为唐人七绝的压卷之作。诗的主旨是感慨边境自古以来战事不断，呼唤能有“李广”那样的良将，带来天下太平。

塞下曲（其一）

〔唐〕李白

五月天山雪，无花只有寒。
笛中闻《折柳》[1]，春色未曾看[2]。
晓战随金鼓[3]，宵眠抱玉鞍[4]。
愿将腰下剑，直为斩楼兰[5]。

伴我诵读

前两联写天山给人的视听感受，要着重读出一种春天里蕴藏的冬的寒意，语意苍凉；第三联表现将士的戍边生活，语势要雄壮；第四联抒发诗人的感触，要传达出诗人素有的疆场杀敌、为国立功的宏愿，读出将士们保家卫国的豪气，语调应高昂有力。

伴我解读

[1]《折柳》:《折杨柳》曲，多写离别之悲。[2] 看：读 kān。[3] 金鼓：战鼓。[4] 玉鞍：以玉为饰的马鞍。[5] 直：只。楼兰：这里泛指西部地区的敌人。

伴我品读

这组《塞下曲》共六首，这是其一。《塞下曲》为唐代新乐府诗题，歌辞多写边塞军旅生活。

这是一首边塞诗，在苍凉苦寒的边塞，将士们不仅毫无怨言，而且立志杀敌，表现出了他们的爱国精神和英雄气概。

少年行（其三）

〔唐〕王维

一身能擘两雕弧[1]，
虏骑千重只似无[2]。
偏坐金鞍调白羽[3]，
纷纷射杀五单于[4]。

伴我诵读

前两句写少年的力强、胆大，诵读时要以昂扬豪迈的语气，重读“两”“千重”。第三句突出少年在重重敌人面前的英姿和潇洒之态，读时要以赞美的语气，传达出少年的英姿飒爽。第四句赞美其勇敢善射，诵读时要突出对少年英雄的赞美和钦佩，重读“射杀”“五”。

伴我解读

[1] 擘（bò）：分开。雕弧：雕弓。[2] 虏（lǔ）骑（qí）：敌人的骑兵。千重（chóng）：泛指敌人之多。[3] 调（tiáo）：整理，玩弄。白羽：白羽箭。[4] 单于：匈奴首领的称号。

伴我品读

这首诗的主人公是一个艺高人胆大的少年英雄，人物形象非常鲜明。这是王维的早期作品，寄托着他少年时的报国理想。

满江红

〔宋〕岳飞

怒发冲冠，凭栏处、潇潇雨歇[1]。
抬望眼、仰天长啸，壮怀激烈。
三十功名尘与土，八千里路云和月[2]。
莫等闲[3]、白了少年头，空悲切。

靖康耻，犹未雪。臣子恨，何时灭？
驾长车，踏破贺兰山缺。
壮志饥餐胡虏肉，笑谈渴饮匈奴血。
待从头、收拾旧山河，朝天阙[4]。

伴我诵读

以“怒发冲冠”作为词的开篇，全词感情喷涌而出，随后，感情的潮水肆意奔流，使得全词呈雄浑宏大之势。诵读时，要把握雄壮的基调，做到声情激越，以慷慨激昂的语调传达出词人的爱国豪情和英雄气概。“仰天长啸”字音拖长，尽情发泄胸中的郁勃之气；“莫等闲”语速放慢，传达出劝勉之意。下阕宜用更有力量的声音传达词人的报国之志。“靖康耻”四句要读出国痛之深和恨敌之切；从“驾长车”开始，语速可渐渐加快，仿佛要跟随词人去战场直捣黄龙，应读出报仇雪恨的快意。

伴我解读

[1] 潇潇：风雨声，形容雨势急骤。歇：停。[2]“八千”句：形容南征北战路途遥远，披星戴月。[3] 等闲：随便，轻易。[4] 朝天阙（què）：朝拜皇帝。天阙，皇帝居住的地方。

伴我品读

这首词洋溢着强烈的爱国激情，雄迈狂放，震人心魄，表现了词人对国家的一腔忠勇。这首词对后世影响很大，至今仍脍炙人口。

秋夜将晓出篱门迎凉有感（其二）

〔宋〕陆游

三万里河东入海，
五千仞岳上摩天[1]。
遗民泪尽胡尘里[2]，
南望王师又一年[3]。

伴我诵读

开篇两句以黄河入海和华山摩天的气势，构筑出雄壮宏大的诗境，那山、那河都在金人占领区内，遗民的恨也如山之巍巍、如河之滔滔，诵读时要用慷慨苍凉的语调，表达出诗人心中的沉痛。“三万里河”“五千仞岳”这两个短语，读时语速要稍快，读出气势。后两句要表达出遗民苦盼王师北定中原的心情，要读出遗民的心酸和诗人对苟安的南宋统治集团的痛恨。“尽”“望”“又”要重读,“尽”要传达出遗民们心中滴血一样的至痛,“望”和“又”要读出一年年失望后仍然不放弃希望的苦盼心情。

伴我解读

[1]“三万”二句:此以黄河、华山代指南宋北方沦陷的国土。[2]遗民:在金占领区生活却认同南宋王朝统治的人民。[3]王师:宋朝的军队。

伴我品读

这首诗写于中原地区沦陷在金人手中六十多年之后。在诗中，诗人关切遗民命运，想象着中原遗民年年苦盼王师北上而不得的悲痛，借助诗表达出自己忧国忧民的思想感情。

示儿[1]

〔宋〕陆游

死去元知万事空[2]，
但悲不见九州同[3]。
王师北定中原日，
家祭无忘告乃翁[4]。

伴我诵读

诵读时要注意把握悲壮的感情基调。因为诗人虽然悲伤，但仍不放弃希望，坚信有北定中原的一天，所以宜用慷慨激昂的语调传达感情。前两句，第一句语调低沉，“空”字音调拉长；第二句语气上扬，重读“九州同”，表现出诗人对理想的执着。后两句，重读“无忘”，表达出诗人对收复失地的殷殷期盼和对儿孙后辈的切切嘱咐。

伴我解读

[1] 示儿：写给儿子看。[2] 元：通“原”。[3] 九州同：全国统一，这里陆游主要指的是收复被金朝占据的宋朝故土。[4] 乃翁：你们的父亲。

伴我品读

这是陆游的绝笔诗。诗人一生盼望收复中原，临终之时，心愿未遂，憾恨不已。诗人明知死后万事皆空，偏念兹在兹，祖国统一之事萦绕心头，足见他对国家和民族的一往情深。该诗情真意切，感人至深。

初入淮河（其四）

〔宋〕杨万里

中原父老莫空谈[1]，
逢着王人诉不堪[2]。
却是归鸿不能语，
一年一度到江南。

伴我诵读

前两句除表达中原父老见到亲人的急切心态和艰难的生活处境之外，也颇有弦外之音，寓有对南宋朝廷一味主和、无意也无力北伐的强烈谴责。读时要传达出这一感情，重读“莫空谈”“诉不堪”。后两句以鸿雁与中原父老对比，婉转地表达了诗人对中原父老的同情之心，宜读出中原父老对归鸿的欣羡，以及人不如鸿的哀痛。

伴我解读

［1］莫空谈：不作客套的泛泛空谈。［2］王人：南宋朝廷派往金国的使者，这里是诗人自指。不堪：生活痛苦不堪。

伴我品读

这组诗一共四首，这是第四首。

诗人奉命北上迎接金国派来的使者，渡过长江、初入淮河之后，心中感伤，于是写了这组诗。这一首表现出遗民们深受金朝统治者压迫的苦楚，及对故国的向往，诗人强烈的爱国之情也隐含其中。

赠梁任父同年（其四）[1]

〔清〕黄遵宪

寸寸河山寸寸金，
侬离分裂力谁任[2]？
杜鹃再拜忧天泪，
精卫无穷填海心。

伴我诵读

本诗情感基调激烈深沉，诵读时要感情饱满，顿挫有力。第一句要读得斩截利落，读出祖国山河不容侵犯的凛然之气，重读两个“寸寸”。第二句要重读“力谁任”，传达出诗人报国在我、勇于担当的精神。第三、四句以杜鹃啼血表达作者对国家忧思之深，以精卫填海表达救国于危难的决心，要以坚定的语气、铿锵的语调，读出坚定不移的意志；重读“再拜”“无穷”，“忧天泪”和“填海心”宜拖长音调，加强语气。

伴我解读

［1］梁任父（fǔ）：即梁启超。梁启超，字卓如，号任公。“父”是古代对男子的美称。同年：科举考试中同榜登科者。［2］瓜（kuǎ）离：割离。任：担任。

伴我品读

《赠梁任父同年》共六首，这是第四首。

这首诗是黄遵宪写给梁启超的，激励他担当起救国重任，同时此诗也是诗人自勉，表现了诗人对国家深沉的爱和不达目的誓不罢休的坚定信念。

离台诗（其一）

〔清〕丘逢甲

宰相有权能割地[1]，
孤臣无力可回天。
扁舟去作鸱夷子[2]，
回首河山意黯然。

伴我诵读

“宰相”句是对割地给日本的李鸿章的批判，诵读时要重读“有权”，传达出愤慨之情和讥刺之意。“孤臣”句表达的是无力挽回大局的沉痛和无奈，宜读出孤凄无助之感，“无力”重读，“可回天”语调应低沉，声音中要饱含深深的无奈。“扁舟”两句要读出诗人不得已离去时悲痛至极的心情，“黯然”两字要缓慢读出，以传达诗人欲哭无泪的心酸和心痛。

伴我解读

[1] 宰相：李鸿章。[2] 鸱（Chī）夷子：春秋时越国的范蠡。范蠡曾在越国灭吴后驾小船离开越国。

伴我品读

《离台诗》共六首，蕴含着诗人对祖国浓厚的的爱和对台湾的不舍。这是第一首。

《马关条约》签订后，日军占领中国台湾，丘逢甲率义军英勇抗敌，失败后不得不离开台湾，这首诗就是此时所作。诗歌表达了诗人对割地卖国行为的愤慨，以及无力回天的无奈和凄凉。

自题小像

鲁迅

灵台无计逃神矢[1]，
风雨如磐暗故园[2]。
寄意寒星荃不察[3]，
我以我血荐轩辕[4]。

伴我诵读

首句表达诗人身在外国深受刺激的郁闷，诵读时要读出诗人因国格得不到尊重而内心痛苦的情感，重读“无计”；次句写故国风雨飘摇，要以深沉的语调传达出风雨如晦的暗淡和时局的险恶，重读“暗”字；第三句叙述同胞未醒，要传达出诗人哀其不幸的唏嘘感慨，重读“不察”；末句要以响亮有力的音调展现诗人雄壮之心，重读“荐”字，最后三字要一字一顿，表达出诗人志向的坚定。

伴我解读

[1] 灵台：指心灵。神矢：神箭。这句诗指诗人因祖国得不到尊重而痛苦。[2] 磐（pán）：巨石。故园：此处指祖国。[3] 寄意寒星：把我的心寄托给天上的星星。[4] 荐：献。轩辕：黄帝，此处代指中华民族。

伴我品读

鲁迅在这首诗中，表达了对祖国人民无怨无悔的深沉之爱，以及愿为祖国献身的精神。“我以我血荐轩辕”是本诗爱国主义感情的集中体现，也是鲁迅毕生践行的人生格言。

羁旅思乡

河广

选自《诗经·卫风》

谁谓河广？一苇杭之。
谁谓宋远[1]？跂予望之。
谁谓河广？曾不容刀。
谁谓宋远？曾不崇朝[2]。

伴我诵读

近乎夸张的想象将诗人面对故土望眼欲穿的主题表达得淋漓尽致。欲归不能的现实困难，反而使诗人在诗的国度里自由飞越：黄河窄得连苇束都可漂过，甚至故国近得踮起脚尖就能望见，可无情的现实却是，找不到一条可以搭载自己过河的小船。要在理解诗意的基础上，把握诗人超现实的倾吐方式，读出其归国无计的思归之痛。

伴我解读

[1] 宋：宋国，诗人的故国。宋国在黄河南岸，与诗人所在的卫国隔河相望。[2] 崇朝（zhāo）：终朝，一个早上。形容时间很短。

伴我品读

这是一首思归之歌。身在异国的游子一心思归，河有多宽、宋国有多远，不知询问了多少回、多少人、多长时间，得到的回答总使游子一再失望。失望之余，面对波翻浪涌的黄河，游子将郁积心中的痛苦以自己的方式唱了出来。

山中

〔唐〕王勃

长江悲已滞[1]，
万里念将归[2]。
况属高风晚[3]，
山山黄叶飞。

伴我诵读

这首诗前两句以抒情为主，“悲”和“念”二字点出诗人两种主要感情——对故乡的思念和不得归乡的悲哀，读这两个字时可加重语气。后两句采用“以景结情”的手法，萧瑟的秋景更添羁旅之愁，秋叶的飘零更起思乡之绪，诵读时语调应低沉，以符合秋景及诗人的心情。

伴我解读

[1] 滞（zhì）：停止不流。[2] 念将归：有归乡之愿。念，思。[3] 况属：何况是。属，碰巧遇到。高风：秋风。

伴我品读

这是一首表现旅愁思归的绝句，诗人以秋天萧瑟的景象衬托自己身在异乡的悲凉，情景交融，具有很强的感染力。

渡汉江[1]

〔唐〕宋之问

岭外音书断[2]，
经冬复历春。
近乡情更怯，
不敢问来人[3]。

伴我诵读

前两句看似平淡，实则蕴含着诗人丰富的感情。“断”字写诗人与亲友地理阻隔、音讯断绝的孤苦，“复”字写其度日如年的煎熬，两字宜饱含感情读出，以传达诗人痛苦的心情。后两句因写长久的音信不通，诗人不确定亲人平安与否，靠近家乡，兴奋之中又夹杂着惶恐，想问又不敢问，强迫自己抑制内心的激动，心肝欲摧。要在理解这些的基础上，以低沉的语调、缓慢的语速和怯生生的语气，尝试传达出诗人复杂微妙的心理。

伴我解读

[1] 汉江：汉水。[2] 岭外：五岭之外，即岭南，唐代常作罪臣的流放地。[3] 来人：来自家乡的人。

伴我品读

这首诗写于诗人因罪被贬岭南，后奉旨北归，途经汉江之时，表现出诗人想听到亲人的消息但又怕是坏消息的复杂心理状态。

菩萨蛮

〔唐〕李白

平林漠漠烟如织[1]，寒山一带伤心碧[2]。
暝色入高楼[3]，有人楼上愁[4]。

玉阶空伫立[5]，宿鸟归飞急。
何处是归程？长亭连短亭[6]。

伴我诵读

在诵读时要注意第一、二句语速放慢，以表现词人寄寓在“平林”“寒山”等凄冷意象中的惆怅。第三、四句要体会词人感情的缓慢、盘旋。第五、六句要轻读、慢读“空”“归”两字，突出词人不能归家的无奈。最后两句设问，诵读时应该字字缓慢，表现出词人不尽的伤感之情。

伴我解读

[1] 漠漠：迷蒙远阔的样子。[2] 伤心碧：让人感到惆怅伤感的青绿色。[3] 暝色：暮色。[4] 有人：词中的主人公。[5]“玉阶”句：写对家人的思念。玉阶，台阶，这里泛指庭院。空，徒劳。[6] 长亭连短亭：亭是古时设在大路边供行人休歇的亭舍。十里一长亭，五里一短亭。此句意指路途遥远。

伴我品读

这首词表达了词人对故乡的思念之情。故乡遥遥，归程无期，在遥望故乡的日暮时分，词人心中充满了相思、愁苦和无奈之情。

邯郸冬至夜思家

〔唐〕白居易

邯郸驿里逢冬至[1]，
抱膝灯前影伴身。
想得家中夜深坐，
还应说着远行人[2]。

伴我诵读

诵读此诗时，要体会诗人孤单的心情。冬至是古时中国人非常重视的节日，有“冬至大如年”的说法，在冬至时节异地为客,心情会特别孤单。“抱膝”句语速宜慢，突出“影”字，以表现诗人形影相吊的凄凉；后两句通过家人思念自己的视角，写自己对家人的思念，诵读时声音要饱含感情，传达出诗人对家人的牵挂。

伴我解读

［1］邯郸：地名，即河北邯郸。驿：旧时供传递公文的人中途休息、换马的地方。冬至：农历二十四节气之一。从时令上说，冬至之后白天渐渐长了。［2］远行人：离家在外的人，这里指诗人自己。

伴我品读

这是一首游子思乡的诗。冬至的夜晚，诗人身在异乡旅店，灯下抱膝，形影相吊，神思不禁飞回远方家中，似乎看到家里的人也正念叨着远游的自己。该诗情景如画，诗人思念殷殷。

苏幕遮·怀旧

〔宋〕范仲淹

碧云天，黄叶地。秋色连波，波上寒烟翠。山映斜阳天接水。芳草无情，更在斜阳外。

黯乡魂[1]，追旅思。夜夜除非，好梦留人睡[2]。明月楼高休独倚。酒入愁肠，化作相思泪。

伴我诵读

这首词写的是秋天旷远的美景和绵绵的离情，但所押是仄声韵，因而在诵读时，句末韵字要短促，显示出秋日凄美；其他字词的读音可以绵长一些，以表现词人缠绵的愁思。词的下阕以“黯乡魂，追旅思”领起，愁情层层深入，诵读时可以用渐趋低沉的语调将渐浓的愁情表现出来。

伴我解读

［1］黯：黯然失色。［2］“夜夜”两句：正常语序应为“除非夜夜好梦留人睡”。

伴我品读

这首词反映了词人的羁旅之思。词人通过描绘色彩明丽的秋色黄昏图，渲染了边塞凄凉气氛，表达了自己无限的思乡感情。全词低回婉转，又具沉雄之气，是词中名作。

相思抒怀

采葛

选自《诗经·王风》

彼采葛兮[1]，一日不见，如三月兮。
彼采萧兮[2]，一日不见，如三秋兮[3]。
彼采艾兮，一日不见，如三岁兮。

伴我诵读

这首诗主要采用重叠复沓的形式,“采葛”“采萧”“采艾”都是劳动人民劳动的场景，但思念的情感一层比一层更深，从“三月”到“三秋”再到“三岁”，夸张却不失真。诵读时宜语速渐缓，音调渐低，读出诗中渐趋浓郁的相思之情。

伴我解读

[1] 葛：葛藤。其纤维可以制作布匹。[2] 萧：香蒿，古人用它祭祀。[3] 三秋：犹“三季”，九个月。

伴我品读

这首诗抒写了主人公真挚深长的相思之情。这首三章的诗只是变动了六个字，就把人物痴痴相思情的丰富、绵长、深刻都表达了出来。

迢迢牵牛星

选自《古诗十九首》

迢迢牵牛星[1]，皎皎河汉女。
纤纤擢素手[2]，札札弄机杼。
终日不成章，泣涕零如雨。
河汉清且浅，相去复几许！
盈盈一水间，脉脉不得语[3]。

伴我诵读

《迢迢牵牛星》全诗一共十句，其中六句使用了叠音词——“迢迢”“皎皎”“纤纤”“札札”“盈盈”“脉脉”，使这首诗质朴、清丽，情趣盎然，诵读时应注意体现出该诗音韵之美。前四句是客观描述，宜用平静的语气；“终日”两句表达织女的相思，宜声调低缓；“河汉”两句声音可提高，表达想要相见的迫切心情；“盈盈”两句声音降低，语速变缓，要表达出不得相见、不能共语的无奈之情。

伴我解读

[1] 迢迢（tiáo）：遥远。[2] 擢（zhuó）：举，摆动。素手：白皙的手。[3] 脉脉（mò）：含情相视的样子。

伴我品读

南朝时，梁太子萧统搜集了十九首汉代古诗，编入《文选》，题为《古诗十九首》，《迢迢牵牛星》是第十首。作者已不可考。

这首诗借传说中牛郎、织女被银河相隔不得相见的故事，抒发了夫妻离别之感。诗作以牵牛、织女起兴，语浅情深，令人感伤。

蝶恋花

〔宋〕欧阳修

庭院深深深几许[1]？杨柳堆烟[2]，帘幕无重数[3]。玉勒雕鞍游冶处[4]，楼高不见章台路[5]。

雨横风狂三月暮，门掩黄昏，无计留春住。泪眼问花花不语，乱红飞过秋千去[6]。

伴我诵读

诵读这首词，首先要注意第一句的三个叠字“深”，第三个“深”字声调要比前两个略高，表现词人寻不到答案的疑问。下片开头无论是写景还是抒情都比较强烈，语速可稍快。最后一句虽写词人自己如春花般易凋，然而人有情花无情，诵读时要缓慢，以感受主人公看花飞去空留自己在原地的无限惆怅。

伴我解读

［1］几许：多少。［2］堆烟：形容杨柳浓密。［3］无重数：多到数不清。［4］玉勒：玉制的马衔。雕鞍：精雕的马鞍。游冶（yě）处：歌楼妓院。［5］章台：此指歌妓聚集的地方。［6］乱红：落花。

伴我品读

这是一首闺怨词，描写了富家少妇在闺中的孤寂，以及没有办法挽留住美好事物的无奈。闺怨是中国诗词中的常见主题，常有伤时怀逝之寓意，本词即为其中典范之作。

鹊桥仙

〔宋〕秦观

纤云弄巧[1]，飞星传恨，银汉迢迢暗度[2]。
金风玉露一相逢[3]，便胜却人间无数。

柔情似水，佳期如梦，忍顾鹊桥归路。
两情若是久长时，又岂在朝朝暮暮。

伴我诵读

诵读时注意感情的变化。“纤云弄巧”三句在诵读时宜用柔美平静的语气，在传达景物之美外还要略带哀伤，表达出词人对相隔迢遥相见难的幽怨和遗恨。“金风玉露”两句，前句以惊喜的语气进行诵读，后句要传达出对这种非凡爱情的赞美。“柔情”三句表达分离时的不舍，“忍顾”可用更轻一些的语气和适当的停顿。“两情”两句要用自然流畅的声音、平和的语气对这种高境界的爱情进行肯定。

伴我解读

[1] 纤云弄巧：纤薄的云彩，变化多端。[2] 银汉：银河。[3]“金风”句：七月七日牛郎、织女相会。金风，秋风。玉露，秋露。

伴我品读

这是一曲爱情赞歌，通过描写牛郎织女的聚会和离别，歌颂了不同凡俗的爱情。该词情景交融，情理相兼，既表达了相见不易、分离不舍的尘世情感，又超越凡庸，表达出自己对爱情的更高见解——“两情若是久长时，又岂在朝朝暮暮”。

木兰花令·拟古决绝词[1]

〔清〕纳兰性德

人生若只如初见，何事秋风悲画扇[2]。
等闲变却故人心[3]，却道故人心易变。

骊山语罢清宵半，泪雨霖铃终不怨。
何如薄幸锦衣郎[4]，比翼连枝当日愿。

伴我诵读

诵读此词要逐句体会词人的感情，读出感情的变化。“人生若只如初见”，仿佛回到了初见时的美好情景，语调宜上扬；“何事秋风悲画扇”，表达了怅然之情，语气宜低沉；“等闲”两句，幽怨恼恨，前句语调宜上升，后句语调宜下降。下阕前两句表达女子纵被抛弃也不怨恨负心人的痴情，“不”字读得短促以示强调，后两句是对负心人的谴责，要读出被弃之人深深的怨恨，重读“当日”，以进行今昔对比。

伴我解读

［1］拟：仿写。决绝词：古代一种诗体，以女子口吻斥责男子变心。［2］何事：哪里会有。秋风悲画扇：班婕妤失宠于汉成帝之后，写了《团扇诗》以自伤，内有“常恐秋节至，凉飙夺炎热。弃捐箧笥中，恩情中道绝”等句。［3］等闲：随意。［4］何如：不如。薄幸：薄情。锦衣郎：指唐玄宗李隆基。

伴我品读

词人借用班婕妤被弃以及唐玄宗与杨贵妃的爱情悲剧的典故，表达了女子被男子抛弃后的幽怨。词作首句“人生若只如初见”，能引发读者的无限遐想，是脍炙人口的名句。

浣溪沙

〔清〕纳兰性德

谁念西风独自凉，萧萧黄叶闭疏窗[1]，
沉思往事立残阳。

被酒莫惊春睡重[2]，赌书消得泼茶香[3]，
当时只道是寻常。

伴我诵读

这首词的感情基调是沉郁、哀伤的，应用低沉的语气读出词人的感情。上阕突出“谁念”“独自”，以传达词人的满怀孤清；“闭”字宜读得短促，传达出哀伤沉痛之情；重读“立”字，体会词人对往事的无限怀念。下阕“被酒”两句是词人回忆往日的幸福时光，读时声音里应充满追忆往事时的幸福感，语调要轻柔；“当时只道是寻常”，放慢速度，拖长字音，重读“只道”，读出悼念亡妻的哀伤。

伴我解读

[1] 疏窗：刻有花纹的窗户。[2] 被酒：醉酒。[3]“赌书”句：往日与亡妻美满的生活。此用赵明诚、李清照夫妻典故。据李清照《金石录后序》记载，李、赵皆熟读经史，曾“指堆积书史，言某事在某书某卷第几叶第几行，以中否角胜负，为饮茶先后。中，即举杯大笑，至茶倾覆怀中，反不得饮而起”。

伴我品读

这是一首悼亡词，是纳兰性德为悼念亡妻卢氏所作。词人将现实中的孤单与昔日夫妻恩爱的幸福生活相对照，表达了对亡妻的无限怀念。

咏物言志

蝉

〔唐〕虞世南

垂緌饮清露[1]，
流响出疏桐[2]。
居高声自远，
非是借秋风[3]。

伴我诵读

诵读时，前两句要以平静的叙述语气读出，后两句则要在平静和缓的语气中蕴含对蝉高洁品格的赞美和对自己的肯定，声音宜更有力，重读“声”“非”字，以加强诗句情感表达；“疏桐”和“秋风”意象空灵，并且是第二、四句的结尾，要读得轻缓悠长。

伴我解读

[1] 緌（ruí）：本指帽子或旗杆顶上的缨子，这里指蝉头部的触须。[2] 流响：蝉长鸣不已。[3] 借（jiè）：凭借、依赖。

伴我品读

这是一首托物寓意的古诗。通过蝉的栖高饮露、鸣声远传，暗喻人的品性高洁、声名自播，表达了诗人对蝉内在品格的赞美和诗人以蝉自况的自信。

凉州词[1]

〔唐〕王翰

葡萄美酒夜光杯[2]，
欲饮琵琶马上催。
醉卧沙场君莫笑[3]，
古来征战几人回？

伴我诵读

诵读时，要把握全诗雄壮昂扬的感情基调，读出盛唐的气象和振奋人心的力量。前两句要读出宴饮时的欢悦之情，语调轻快。第三、四句要读出诗人视死如归的豪气和豁达的心胸，“君莫笑”“几人回”可重读。

伴我解读

[1] 凉州词：一作《凉州曲》。唐朝流行的一种曲调名。[2] 葡萄美酒：此酒来自西域，唐朝时已能自酿。夜光杯：夜间能发光的酒杯。[3] 沙场：战场。

伴我品读

这组《凉州词》共两首，这是第一首。

这首诗描写的是战争之外的边塞生活——饮宴。诗人渲染了西域的地域色彩和欢宴盛大的场面，写出了马上琵琶催人饮酒的热烈气氛，表现了战士们即使战死沙场亦无惧无畏的豪迈气概。

田家元日[1]

〔唐〕孟浩然

昨夜斗回北[2]，今朝岁起东[3]。
我年已强仕[4]，无禄尚忧农[5]。
野老就耕去[6]，荷锄随牧童。
田家占气候[7]，共说此年丰。

伴我诵读

此诗的感情基调平和中正。首联写时序的更迭，以平静的语气和平缓的语速来读即可；颔联写作为隐者的诗人对农事的担忧和关心，诵读时体会诗人因自身命运不济表现出的淡淡忧伤，还要传达出我们对其忧农情怀的褒扬；颈联写与田家老少一起劳动，宜以平和的语气表现田园生活的恬淡；尾联写占卜年景，要传达出占得丰年的喜悦，语气应轻松愉快。

伴我解读

［1］元日：农历正月初一。［2］斗回北：北斗星的斗柄从指向北方转过来指向东方，表示春天来临。［3］岁：岁星，即木星。［4］强仕：古称四十岁为强仕之年。［5］无禄：无俸禄。［6］野老：乡村老人。就耕：前往耕种。［7］占气候：古时根据自然气象推测年成等好坏，称为占候。

伴我品读

这首诗写于农历正月初一，诗人在诗中表达了与田家老少躬耕田园、共获丰收的愿景，同时透露出不甘长久隐居的心迹。

新制布裘[1]

〔唐〕白居易

中夕忽有念[2]，抚裘起逡巡[3]。
丈夫贵兼济，岂独善一身[4]？
安得万里裘，盖裹周四垠[5]，
稳暖皆如我[6]，天下无寒人！

伴我诵读

“中夕”两句是导入语，以平静中忽有所思的神态读来，“逡巡”可放慢语速，表达出诗人披衣徘徊的情态；“丈夫”两句是诗人愿望的思想根基，读时语气里应带着慷慨，表现出诗人心怀天下的抱负；最后四句表达诗人的愿望，要读出其心愿的美好真挚，“万里”“稳暖”都需重读。

伴我解读

[1] 布裘：布制的棉衣。[2] 中夕：半夜。[3] 逡（qūn）巡：徘徊。[4]“丈夫”两句：语出《孟子》。《孟子·尽心上》：“穷则独善其身，达则兼善天下。”[5] 四垠：四境，天下。[6] 稳暖：过得安稳，穿得暖和。

伴我品读

严冬深夜，诗人身穿布裘备感温暖，遂推己及人，发出“稳暖皆如我，天下无寒人”的喟叹，表现出诗人的博爱精神。

怀古咏史

与诸子登岘山[1]

〔唐〕孟浩然

人事有代谢[2]，往来成古今。
江山留胜迹，我辈复登临。
水落鱼梁浅[3]，天寒梦泽深[4]。
羊公碑尚在[5]，读罢泪沾襟。

伴我诵读

首联虽讲的是世人皆知的道理，但包含着诗人的心事，诵读时要以低沉的语调表达出诗人的深沉感喟；颔联中“复”字需重读，传达出诗人对“人事有代谢”的怅惘和内心的伤痛；颈联所写景物一派萧瑟，是诗人心境的写照，语气要低沉，读出衰萧之感；诵读尾联时要体会诗人沉痛的心情，语速放慢，表现出深沉的感慨。

伴我解读

[1] 岘（xiàn）山：在今湖北襄阳。西晋名将羊祜镇守襄阳时常登此山。[2] 代谢：交替变化。[3] 鱼梁：沙洲名，在襄阳鹿门山的沔水中。[4] 梦泽：云梦泽，古大泽，在今湖北、湖南交界一带，湖面多淤积成陆地。[5] 羊公碑：为纪念羊祜而建的碑。后人至此思念羊祜，多堕泪，故此碑又名“堕泪碑”。

伴我品读

这首诗吊古伤今，诗人感慨深沉。看到羊公碑，想到羊祜的丰功伟绩，及羊祜登山时所说的贤者“湮灭无闻”的话，想到人事代谢的不可抗拒，怀有鸿鹄之志的诗人不禁心伤泪下。

题乌江亭[1]

〔唐〕杜牧

胜败兵家事不期[2]，
包羞忍耻是男儿[3]。
江东子弟多才俊[4]，
卷土重来未可知。

伴我诵读

“包羞忍耻”四字要读出强忍屈辱的苦楚，每个字要发音到位，读得饱满；“男儿”语调升高，读出男儿的豪气。“江东”一句语气上扬，好像在给项羽指出一条道路，突出“多”字；“卷土重来”加重语气，读出气势；“未可知”语调稍低，音节拖长，稳稳结束全篇。

伴我解读

[1] 乌江亭：在今安徽和县乌江镇，当年项羽兵败自刎的地方。[2] 不期：难以预料。[3] 包羞忍耻：意谓大丈夫能屈能伸，应有忍受耻辱的胸襟气度。[4] 江东：长江自安徽省境内向东北流，然后入海。长江以东地区称为“江东”，亦称“江左”，是项羽起兵的地方。

伴我品读

这是一首有名的咏史诗。诗人认为，胜败之事难料，男儿应该能忍受得了耻辱。如果当年项羽忍辱负重，就有可能卷土重来。诗人以此鼓励人们面对失败不应消极颓丧，而要振作精神，重振旗鼓。

鹧鸪天·建康上元作[1]

〔宋〕赵鼎

客路那知岁序移[2]，忽惊春到小桃枝。
天涯海角悲凉地，记得当年全盛时。

花弄影，月流辉，水精宫殿五云飞。
分明一觉华胥梦[3]，回首东风泪满衣。

伴我诵读

开篇两句，表现了词人身在客地春来而惊的情态，“忽惊”两字之后停顿，“春到小桃枝”语气跳跃，读出词人的吃惊之态。“天涯”句要传达出词人内心的悲怆，语调低沉；“记得当年”语气稍上扬，传达出追思情态。“花弄影”三句是对当年上元节繁盛场面的描述，诵读时语气可稍轻快，传达出对美好事物的赞美。“分明”两句回到现实，“泪满衣”三字慢读，以表现出词人心中的彻骨悲凉。

伴我解读

[1] 建康：今江苏南京。上元：即农历正月十五元宵节。[2] 那（nǎ）知：“哪知”。[3] 华胥梦：梦境的代称。

伴我品读

赵鼎在北宋时官至开封士曹，南渡之后，恰逢元宵佳节，在“天涯海角悲凉地”回忆起了“当年全盛时”，不由悲从中来，泪下沾衣，于是写下这首词作，表达了自己对故国的依恋和亡国之痛。

马嵬（其二）[1]

〔清〕袁枚

莫唱当年《长恨歌》[2]，
人间亦自有银河[3]。
石壕村里夫妻别，
泪比长生殿上多[4]！

伴我诵读

首句以“莫唱”二字开篇，仿佛是对世人的当头棒喝，要警醒世人，读时“莫唱”需加重语气；次句重读“亦自”，提醒人们要注意民间疾苦。第三、四句读时语速要缓慢，字字清晰；尾字“多”要以悲凉的音调来读，表现出对底层人民痛苦的深刻理解和同情。

伴我解读

[1] 马嵬（wéi）：马嵬驿，在今陕西兴平。唐代安禄山叛乱，唐玄宗奔蜀途经此地，被迫赐贵妃杨玉环自缢。[2] 长恨歌：唐代诗人白居易曾作长诗《长恨歌》写唐玄宗和杨玉环的爱情悲剧。[3]“人间”句：意为世间也有夫妻生离死别的悲剧，像传说中的牛郎织女被银河阻隔不能相会一样。[4] 长生殿：唐代殿名，据说唐玄宗和杨玉环曾在此盟誓。清洪昇有《长生殿》剧本，即写唐玄宗与杨玉环的爱情故事。

伴我品读

这组《马嵬》诗共四首，这是第二首。这首咏史诗表现了诗人对百姓疾苦的关注——不要仅仅哀痛于君王们的爱情悲剧，而要认识到底层人民的生活更加辛酸。

谒山[1]

〔唐〕李商隐

从来系日乏长绳[2]，
水去云回恨不胜[3]。
欲就麻姑买沧海[4]，
一杯春露冷如冰。

伴我诵读

这首诗想象奇特，用语奇幻，诵读时要读出如真如幻的迷离和惊异之感。重读“从来”，表现时光从古至今一直无情地一去不回；“恨”字要读出对光阴易逝的无穷憾恨，可加重语气;“欲就”句应以孩童般天真的语气、上扬的语调，表现出诗人的奇思；“一杯”句，要深刻体会诗人面对时光不可挽回的现实时冰冷彻骨的心灵感受，语调宜低沉，“冷如冰”要一字一顿，表现出对沧海变成桑田的心情的悲凉。

伴我解读

［1］谒（yè）：朝见。山：西岳华山。［2］系日乏长绳：没有长绳把太阳系住。意指时光难以留住。［3］恨不胜：遗憾不能承受。胜：禁受，承受。［4］就：靠近。麻姑：古代神话传说中的仙女，曾三见沧海变为桑田。

伴我品读

这是一首感叹光阴易逝的奇异之作。诗人感慨于时光难留，要买下时光的汇合——沧海，但终难如愿。这是诗人对时间流逝之快的夸张描述，想象奇特，令人叹为观止。

端午[1]

〔唐〕文秀

节分端午自谁言[2]？
万古传闻为屈原。
堪笑楚江空渺渺，
不能洗得直臣冤[3]。

伴我诵读

诵读时，第一句要读出疑问的语气，语调上扬，重读“谁”字。第二句要读出笃定的语气，表明不是为了别人，是为了屈原，重读“屈原”二字。第三句重读“堪笑”和“空”，读出对楚江不能洗刷屈原冤屈的无奈之情。第四句要运用悲情的语气来读，充满对屈原的同情，重读“冤”字。

伴我解读

［1］端午：农历每年的五月初五为端午节，也称“五月节”“端阳节”。相传这个节日起源于人们纪念屈原。［2］节分：此处是“节日”的意思。分，分出。［3］直臣：正直之臣，此处指屈原。

伴我品读

这首诗是诗人在端午节怀屈原之作，表达了诗人对屈原的崇高敬意，抒发了为其感到不平的愤懑之情。诗作自问自答，言近旨远，很有感染力。

杂咏感怀

乌夜啼

〔五代〕李煜

无言独上西楼，月如钩[1]。
寂寞梧桐深院锁清秋[2]。

剪不断，理还乱，是离愁。
别是一般滋味在心头。

伴我诵读

这首词在诵读时要注意平声字“楼”“钩”“秋”“愁”“头”所表现出来的悠长韵致。而在“剪不断，理还乱”句中，仄声字“断”“乱”两字，顿挫有致，给读者以“剪”抽象愁情的具体感。诵读时要注意用轻读的方式将“断”和“乱”字中蕴含的缠绵不尽的痛苦强调出来。

伴我解读

[1] 月如钩：弯月，残月。[2] 锁：笼罩。

伴我品读

这首词描写了词人的离愁，突出表现了词人的孤独寂寞。“剪不断，理还乱，是离愁”，平白如话，却具有很强的概括力。全词情感真实，清新自然。

定风波

〔宋〕苏轼

三月七日，沙湖道中遇雨[1]。雨具先去，同行皆狼狈，余独不觉。已而遂晴，故作此词。

莫听穿林打叶声，何妨吟啸且徐行[2]。竹杖芒鞋轻胜马[3]，谁怕？一蓑烟雨任平生。

料峭春风吹酒醒[4]，微冷，山头斜照却相迎。回首向来萧瑟处[5]，归去，也无风雨也无晴。

伴我诵读

这首词在诵读时要注意感受词人达观从容的人生态度。上阕更多地表现出词人不惧外物的豪情，“莫听”“何妨”“谁怕”读时语气稍重，以强调词人在恶劣的环境中也能从容应对。下阕则有更多哲思，风雨无，晴也无，无悲无喜，不忧不惧，心中澄澈空明，读时语速宜稍缓。“山头斜照”一句可用轻松欢喜的语气来读，“也无风雨”一句宜用平静的语气传达词人的达观从容。

伴我解读

[1] 沙湖：在今湖北黄冈东南三十里，又称螺蛳（sī）店。[2] 吟啸（xiào）：放声吟咏。[3] 芒鞋：草鞋。轻胜马：轻快胜似骑马。[4] 料峭：微寒的样子。[5] 萧瑟处：适才遇雨的地方。

伴我品读

这首词是词人被贬黄州（今湖北黄冈）时所写。在途中遇雨，同行者皆狼狈不堪，词人却坦然吟啸徐行，从容面对生活中的风雨。这种从容旷达的人生态度，令人叹赏。读罢全词，令人油然生出凌空驭风之感。

青玉案·元夕[1]

〔宋〕辛弃疾

东风夜放花千树[2]，更吹落、星如雨[3]。宝马雕车香满路。凤箫声动，玉壶光转[4]，一夜鱼龙舞[5]。

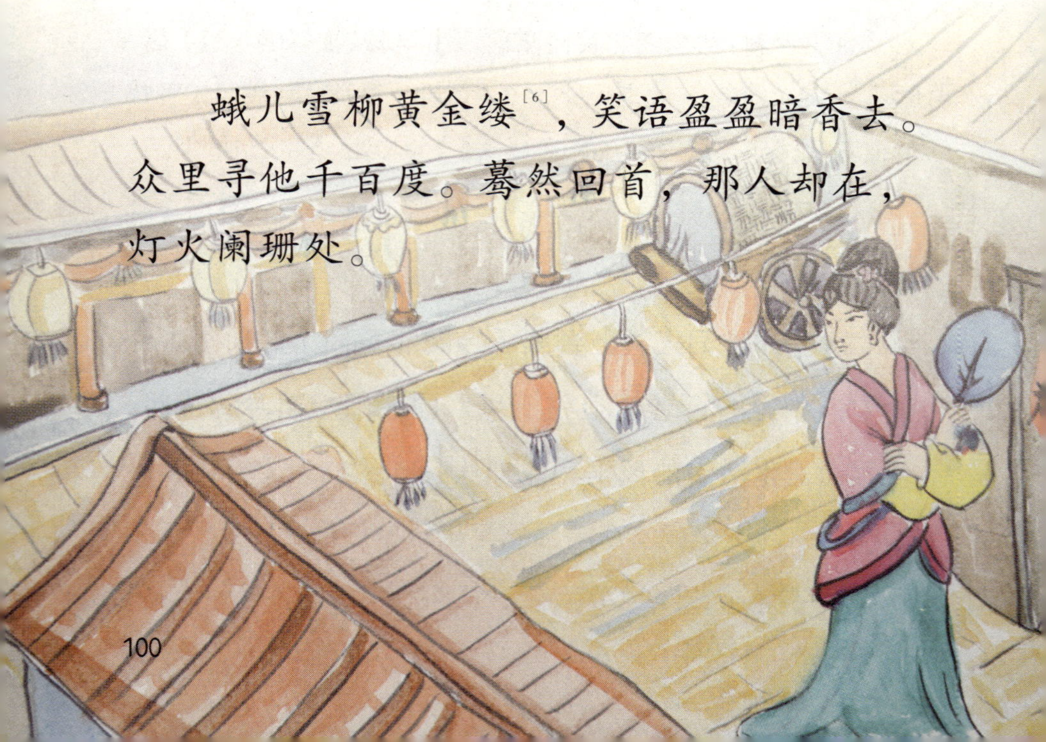

蛾儿雪柳黄金缕[6]，笑语盈盈暗香去。众里寻他千百度。蓦然回首，那人却在，灯火阑珊处。

伴我诵读

词作上阕用美好的词汇和比喻描摹了元宵夜的盛况，诵读时要以欢乐的语调，读出词人对美好事物的赞美和心中的喜悦；“凤箫声动，玉壶光转”语速可加快，读出动态之感。下阕“蛾儿雪柳”语调可上扬，“笑语”一句语速放慢；“众里寻他”句语气可稍重，表达出寻觅之苦；“蓦然回首”后稍停顿，以引出惊喜；“灯火”句要读得悠然缓长，使得余味不尽。

伴我解读

[1] 元夕：元宵节晚上。[2] 花千树：花灯之多如千树开花。[3] 星：焰火。[4] 玉壶：比喻明月。[5] 鱼龙：鱼形、龙形的彩灯。[6] 蛾儿、雪柳、黄金缕：皆指元宵节妇女的头饰。此指妇女。

伴我品读

这首描写上元灯节的作品，写于淳熙五年（1178）词人任职临安期间，是辛弃疾婉约词的代表作之一。词作描绘了元宵夜热闹非凡的景象，以及寻觅、发现意中人的过程。

道德经四章

八　章

上善若水[1]。水善利万物而不争。处众人之所恶[2]，故几于道矣[3]。居善地[4]，心善渊[5]，与善仁[6]，言善信[7]，正善治[8]，事善能[9]，动善时[10]。夫唯不争，故无尤[11]。

伴我诵读

诵读此段，应体会水的包容、不争等品格，以赞美的语气诵读。“居善地”一系列的排比，要注意把握节奏感；“夫唯不争”两句，拖长语音，以肯定的语气结束全文。

伴我解读

[1] 上善若水：完美的德行像水一样。[2] “处众人”句：水经常在人们所厌恶的低洼处。恶（wù），厌恶。[3] 几（jī）于道：接近于“道”。几，几乎，近乎。[4] 居善地：居住善于选择地方。[5] 心善渊：心胸善于保持沉静。渊，深邃，深沉。[6] 与善仁：和别人交往善于保持友爱。与，交往。[7] 言善信：说话能讲信用。[8] 正善治：治理国家能够有政绩。正，通“政”，政治，政事。[9] 事善能：处事善于发挥自己的长处。[10] 动善时：行动善于把握时机。[11] 尤：过失。

伴我品读

在本章中，老子认为完美的人应该具有水的品质，即“水善利万物而不争”，具体说来，就是具有“居善地”等七种品格。这些品格流传至今，成为很多人思想和行动的指南。

十二章

五色令人目盲[1]；五音令人耳聋[2]；五味令人口爽[3]；驰骋畋猎[4]，令人心发狂；难得之货，令人行妨[5]。是以圣人为腹不为目[6]。故去彼取此。

伴我诵读

诵读时注意读出排比句的语气，重读“目盲”“耳聋”“口爽”“心发狂”“行妨”，以强调过度追求导致的恶果。另外，“盲”“爽”“狂”“妨”这些字今天依然押韵，要读出声律的美感。

伴我解读

[1] 五色：青、赤、黄、白、黑。这里泛指绚丽的色彩。[2] 五音：宫、商、角、徵（zhǐ）、羽。这里泛指动听的音乐。[3] 五味：酸、甜、苦、辣、咸。这里泛指各种美味。爽，违背、差失，此处指味觉丧失。[4] 畋（tián）猎：打猎。[5] 行妨：使行为受到伤害。妨，妨碍，伤害。[6] 为腹不为目：只求温饱，而不追求声色犬马。

伴我品读

老子认为，追求感官上的刺激会以损害心志的澄明为代价，追求物质富足会干扰精神的清静。这些认识对反思自身修养，思考物质文明建设与精神文明建设之间的关系仍大有裨益。

六十四章（节选）

合抱之木，生于毫末[1]；九层之台，起于累土[2]；千里之行，始于足下。

伴我诵读

本段三个排比句层次清晰，读时要在层次变换处做适当停顿；“合抱”与“毫末”、“九层”与“累土”、“千里”与“足下”具有对比关系，宜重读。通篇要读出肯定和劝勉的语气。

伴我解读

［1］毫末：细小的萌芽。［2］累：堆迭，积聚。

伴我品读

在本段中，老子认为，做任何事情都要从细微之事开始，持之以恒，才能成功。这些警句早已成为人们行动的指南，鼓励人们从小事做起，踏踏实实做好每一件小事并且坚持到底。

八十一章

信言不美[1]，美言不信；善者不辩[2]，辩者不善；知者不博[3]，博者不知。圣人不积[4]，既以为人，己愈有[5]；既以与人，己愈多[6]。天之道，利而不害[7]；圣人之道，为而不争[8]。

伴我诵读

前面六句格言，在于告知人们要心向诚信、讷言、专精这些优秀品质，诵读时要读出排比的语势；后面九句在于勉励人们尽量给予别人，不相害，不相争，读时要心存此意，口诵心惟。

伴我解读

［1］信言：真实的话。信，确实，真实。［2］善者：行为端正的人。［3］知者两句：聪明的人知识不广博，知识广博的人不聪明。知，智，聪明。［4］积:积累，积累财物。［5］“既以”句:尽量帮助别人，自己反而更充实。［6］“既以”句:尽量给予他人，自己反而更丰富。［7］“天之道”两句：自然的规律，是惠及万物而不加伤害。［8］“圣人之道”两句：圣人的行为，是有所作为却不争夺。

伴我品读

作为全书的结束语，本章在辩证的对比中揭示了人们应有的优秀品质，勉励人们“利民而不争”。陈鼓应先生认为，“本章的格言，可作为人类行为的最高准则”。

浩然之气

选自《孟子》

（公孙丑曰：）“敢问夫子恶乎长？[1]”

（孟子）曰：“我知言[2]，我善养吾浩然之气。”

“敢问何谓浩然之气？[3]”

曰：“难言也。其为气也[4]，至大至刚，以直养而无害，则塞于天地之间。其为气也，配义与道；无是，馁也[5]。是集义所生者，非义袭而取之也。行有不慊于心[6]，则馁矣。”

伴我诵读

“我知言”两句，诵读时要用非常肯定的语气，表达出孟子宣扬自己养气学说的充分自信。“难言也”一段在诵读时，要注意放慢语速，表现阐明道理时的耐心，也要用笃定的语气、庄重的语调，表现出充满正气之人内心的坦荡和凛然。

伴我解读

[1] 敢问：大胆地问，冒昧地问，是自谦之词。夫子：老师。恶（wū）乎长（cháng）：在哪一方面擅长。[2] 知言：善于分析别人的言辞。[3] 何谓：什么是。[4] 其为气也：它作为一种气。[5] 馁（něi）：丧失勇气，害怕。[6] 行有不慊（qiè）于心：只要做了一件内心有愧的事情。慊，满足，满意。

伴我品读

本篇节选自《孟子·公孙丑上》，题目为编者所拟。孟子认为“浩然之气”是用正直培养起来的正气，不是偶然做一件善事即能形成，而要靠长期培养。孟子旨在鼓励后世读书人要做正直坦荡的人。本文具有很强的道德教化力量。

登东山而小鲁

选自《孟子》

孟子曰："孔子登东山而小鲁，登泰山而小天下。故观于海者难为水，游于圣人之门者难为言[1]。观水有术，必观其澜[2]。日月有明，容光必照焉[3]。流水之为物也，不盈科不行[4]；君子之志于道也，不成章不达[5]。"

伴我诵读

诵读本文时，要用循循善诱的语气将文中的道理传达出来。重读“鲁”“天下”“难为水”“难为言”以示对比，“流水之为物也”四句要用肯定的、不容置疑的口吻来读。

伴我解读

[1]“观于”两句：看过大海的人难以注意一般的水流，在圣人门下游学的人难以注意一般的言论。[2]“观水”两句：观看水有一定的方法，必须观看水的波澜。[3]“日月”两句：太阳、月亮发出光辉，能透过光线的地方就会被照耀。[4]不盈科不行：水注满坑坑洼洼以后，才继续向前流去。盈科，水充满低洼。科，坑，洼地。[5]成章：达到某一个阶段的水平，具有一定的规模。

伴我品读

本篇节选自《孟子·尽心上》，题目为编者所拟。本段文字采用了类比的手法，将道理讲得深入浅出，生动形象。文章主要讲了两个道理：一是立志要高远，“登东山而小鲁，登泰山而小天下”；一是学习必须循序渐进，“流水之为物也，不盈科不行”。这两个道理，对人们提升境界有很好的教益。

君子之学与小人之学

选自《荀子》

君子之学也，入乎耳，箸乎心[1]，布乎四体[2]，形乎动静[3]，端而言[4]，蠕而动[5]，一可以为法则。小人之学也，入乎耳，出乎口。口耳之间，则四寸耳，曷足以美七尺之躯哉！古之学者为己，今之学者为人。君子之学也，以美其身；小人之学也，以为禽犊。

伴我诵读

本文宜以劝勉的语气来诵读。“君子之学也”之后的六句，都是两两相对的三字句和四字句，句子短，节奏快，要读出节奏感。本文诵读时要注意读出对比的语气，“入乎耳，箸乎心”等君子之学，读来铿锵有力，用赞同的语气；小人之学部分要以批判的语气来读。

伴我解读

［1］箸：通“著（zhuó）”，附着。［2］布：散布。四体：四肢。［3］形乎动静：表现在行动上。动静，举止行为。［4］端（chuǎn）而言：轻微地说话。端，通“喘”，微言。［5］蠕而动：轻微的动作。

伴我品读

本篇节选自《荀子·劝学》，题目为编者所拟。文章将“君子之学”与“小人之学”作对比，劝勉学子当为“君子之学”，不要做“小人之学”。文章指出君子的学习目的是提高自己的品学修养，小人学习只是为了谋求个人利益，无法提升自己。文章告诉我们，学习理应全身心投入，全神贯注，切忌流于外在，心不在焉。

古文名篇

读书有三到

〔宋〕朱熹

余尝谓读书有三到[1]，谓心到、眼到、口到。心不在此，则眼看不仔细；心眼既不专一，却只漫浪诵读[2]，决不能记，记亦不能久也。三到之中，心到最急[3]。心既到矣，眼、口岂不到乎[4]？

伴我诵读

《训学斋规》是朱熹写给弟子们的，诵读时要模仿长辈对晚辈说话的语气，既温和亲切，娓娓道来，又严肃庄重，谆谆教导。表达重要意思的词语需要重读，比如“心到”“眼到”“口到”“心”“心眼”等，诵读时语速适中，语调平和，不需有大的起伏。

伴我解读

[1] 余尝谓：我曾经说过。[2] 漫浪：随随便便，漫不经心。[3] 急：重要，要紧。[4] 岂：难道。

伴我品读

本篇节选自《训学斋规·读书写文字第四》。《训学斋规》反映了朱熹严谨的治学方法，其内容包括衣冠穿戴、容貌举止、打扫清洁、读书写字等。本篇题目为编者所拟。

本段的内容是强调读书要“心到、眼到、口到”，而这三到之中，“心到”最重要。朱熹的这个观点对当今读书人仍有指导意义。

学篇二

〔清〕魏源

“及之而后知，履之而后艰[1]”，乌有不行而能知者乎[2]？披五岳之图[3]，以为知山，不如樵夫之一足；谈沧溟之广[4]，以为知海，不如估客之一瞥[5]；疏八珍之谱[6]，以为知味，不如庖丁之一啜[7]。

伴我诵读

诵读“及之”两句时须气息充沛，咬字顿挫有力，以传达出引经据典的力量。“乌有”句末的“知者乎”应重读、拖长，以表现出反诘的语气。其后的排比句要读出雄辩滔滔的力量和气势。

伴我解读

[1]“及之”两句：出自韩愈《与李翱书》。及，接触。履，实地去做。[2]乌有：哪有。[3]披：打开，翻阅。[4]沧溟：沧海。[5]估客：来往于海上的商人。[6]疏八珍之谱：通晓各种佳肴的菜谱。[7]庖丁：古代有名的厨师，《庄子·养生主》有“庖丁解牛”的故事。啜（chuò）：品尝。

伴我品读

本文节选自《默觚（gū）》。《默觚》是近代思想家魏源的著作，其中包含了作者的哲学思想，包括《学篇》十四篇和《治篇》十六篇。

本文的主旨是只有亲自接触、实践才能了解事物本身。作者先引经据典，后以一个反问来加强论点的表达，然后使用排比句式，将道理讲得浅显易懂，很有说服力。

励学箴[1]

〔清〕陆以湉

人无贤愚，非学曷成[2]？理无精粗，惟学乃明。

譬彼嘉树，本固斯发[3]。又如泉流，源远不竭。

研嗜宜笃[4]，造就乃深[5]。古圣敬修，尚惜寸阴。

伴我诵读

陆以湉的箴言本是写给自己的，用来自警，但对读这些箴言的人也具有警示作用。诵读时发音要清晰响亮，充满力量，重读两个“学”字，以及“固”“远”“笃”“深”“寸阴”等。本篇皆为四字句，短促整齐，诵读时要有节奏感。

伴我解读

[1] 箴（zhēn）：一种文体，以告诫规劝为主。[2] 曷（hé）：怎么。[3] 本：树木的根。发：生长。[4] 研嗜（shì）：探究的兴致。笃（dǔ）：一心一意，坚定。[5] 造就：成就。

伴我品读

本文节选自《冷庐杂识》卷六。《冷庐杂识》记载了历代文人学者的学行、经历和交游情况，是作者根据自己读书及平昔见闻随笔漫录而成，故称“杂识”。

本文正如题目所言，是勉学的箴言，强调学习对提高自身的重要性，所阐发的道理即便在今天仍有很强的警醒作用。

图书在版编目（CIP）数据

经典诵读伴我行. 初学篇 / 韩品玉，侯桂运总主编. --
济南 ：齐鲁书社，2019.1
ISBN 978-7-5333-3979-1

Ⅰ.①经… Ⅱ.①韩… ②侯… Ⅲ.①阅读课－中学－课外读物 Ⅳ.①G624.233

中国版本图书馆CIP数据核字（2018）第167616号

经典诵读伴我行·初学篇

JINGDIAN SONGDU BANWOXING·CHUXUE PIAN

韩品玉 侯桂运 总主编

主管单位 山东出版传媒股份有限公司
出版发行 齊魯書社
社　　址 济南市英雄山路 189 号
邮　　编 250002
网　　址 www. qlss. com. cn
电子邮箱 qilupress@126. com
营销中心 （0531）82098521　82098519
印　　刷 山东临沂新华印刷物流集团有限责任公司
开　　本 880mm × 1230mm　1/32
印　　张 4
字　　数 90千
版　　次 2019 年 1 月第 1 版
印　　次 2019 年 1 月第 1 次印刷
印　　数 1—10000
标准书号 ISBN 978-7-5333-3979-1
定　　价 **15.00元**